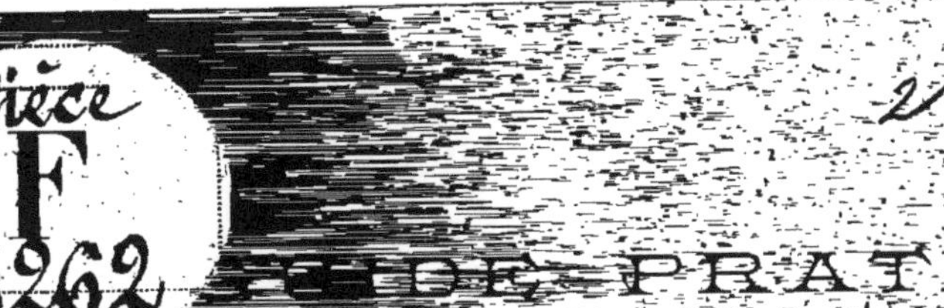

GUIDE PRATIQUE

DE

L'ASSUJETTI A LA CONTRIBUTION EXTRAORDINAIRE

SUR LES

Bénéfices de Guerre

COMPRENANT LE

DÉCRET DU 22 DÉCEMBRE 1917

ET LES

COMMENTAIRES

avec les réponses de M. le Ministre des Finances
aux questions qui lui ont été posées
et les décisions de la Commission Supérieure

PAR

Édouard GRANVAL
Directeur du *Bulletin de la Statistique Vinicole*
28, Rue de Constantine, à ALGER

Prix 5 francs

ALGER
IMPRIMERIE MODERNE, J. HOMAR
2, Boulevard Laferrière
1918

TÉLÉPHONE 567
Turel
Apéritif Nouveau
AUX
FRUITS D'ALGÉRIE
Se boit à l'eau additionné
ou non d'un Sirop
E. Delbays – Alger

DÉCRET

portant homologation d'une décision des Délégations Financières Algériennes, relative à l'établissement en Algérie, d'une contribution extraordinaire sur les bénéfices exceptionnels ou supplémentaires réalisés pendant la guerre. (*Journal Officiel* du 23 décembre 1917.)

Le Président de la République Française,

Sur le rapport du Ministre de l'Intérieur et des Finances,

Vu la loi du 19 décembre 1900, article 10;

La loi du 1er juillet 1916 et l'article 8 de la loi du 30 décembre 1916;

Le décret du 30 décembre 1903 portant règlement d'administration publique pour l'exécution de la loi du 24 décembre 1902, relative à l'organisation des territoires du Sud de l'Algérie (article 5);

La décision de l'assemblée plénière des Délégations Financières Algériennes en date du 5 avril 1917;

La délibération du Conseil Supérieur du Gouvernement en date du 27 avril 1917;

Le Conseil d'Etat entendu,

DÉCRÈTE :

ARTICLE 1er.— Est homologuée, sauf en ce qui concerne les dispositions relatives à la Commission Supérieure et aux pénalités, la décision suivante de l'assemblée plénière des Délégations Financières Algériennes en date du 5 avril 1917, ayant pour objet l'établissement en Algérie d'une contribution extraordinaire sur les bénéfices exceptionnels ou supplémentaires réalisés pendant la guerre et concernant certaines mesures fiscales relatives à la législation des patentes.

DÉCISION

TITRE Ier

Contribution extraordinaire sur les bénéfices exceptionnels ou supplémentaires réalisés pendant la guerre.

1. **Art. 1er.** — § 1. — Il est institué une contribution extraordinaire sur les bénéfices exceptionnels ou supplémentaires provenant des opérations ci-après définies, réalisées depuis le 1er août 1914, jusqu'à l'expiration du douzième mois qui suivra celui de la cessation des hostilités.

2. *Contribution extraordinaire signifie contribution temporaire ; sa durée en est fixée.*

Les bénéfices réalisés à l'occasion et du fait de la guerre, par les personnes non patentées et par les intermédiaires, sont des bénéfices exceptionnels.

3. *Les bénéfices réalisés pendant la guerre, diminués du bénéfice normal que le contribuable réalisait en temps de paix et d'un abattement de 5.000 francs constituent les bénéfices imposables de la contribution extraordinaire, c'est-à-dire les bénéfices supplémentaires.*

4. *Par cessation des hostilités, on entend la signature du traité de paix. Si la paix était signée le 1er septembre 1918, la contribution serait due jusqu'au 30 septembre 1919.*

5. § **2.** — Par les personnes non passibles de patente, exception faite des agriculteurs vendant leur récolte à l'Etat ou à l'Algérie, ayant passé des marchés, soit directement, soit comme sous-traitants, pour des fournitures destinées à l'Etat, à l'Algérie, ou à une administration publique, et par toutes personnes ayant accompli un acte de commerce accidentel ou, en dehors de leur profession, en vue du même objet.

6. *Par récolte de l'agriculteur, on entend tous les produits d'ordre végétal et d'ordre animal de leur exploitation. Si l'agriculteur a passé un marché avec l'Etat, l'Algérie ou une adminitration publique, et lui a vendu autre chose que sa récolte, il doit être considéré comme un fournisseur et rentre dans le cadre du décret.*

7. *Sont assujettis à la contribution, les titulaires des marchés passés avec l'Etat, l'Algérie ou une administration publique et qui ont exécuté eux-mêmes ces marchés et les titulaires des marchés passés avec les mêmes qui ont fait exécuter ces marchés par d'autres. Sont également assujettis à la contribution, toutes les personnes qui auraient accompli un acte de commerce accidentel — même une seule fois — ou, en dehors de leur profession, en vue du même objet.*

8. *Les articles 632 et 633 du Code de commerce définissent les opérations constituant un acte de commerce, savoir :*

Tout achat de denrées et marchandises pour les revendre, soit en nature, soit après les avoir travaillées et mise en œuvre, ou même pour en louer simplement l'usage.

Toute entreprise de manufactures, de commission, de transport par terre et par eau.

Toute entreprise de fournitures, d'agences, bureaux d'affaires, établissements de vente à l'encan, de spectacles publics.

Toute opération de banque, change et courtage.

Toutes les opérations de banques publiques.

Toutes les obligations entre négociants, marchands et banquiers.
Entre toutes personnes, les lettres de change.
Toute entreprise de construction et tous achats, ventes et reventes de bâtiments pour la navigation intérieure et extérieure.
Toutes expéditions maritimes.
Tout achat ou vente d'agrès, apparaux et avitaillements.
Tout affrètement ou nolissement, emprunt ou prêt à la grosse.
Toutes assurances ou autres contrats concernant le commerce de mer.
Tous accords et conventions pour salaires et loyers d'équipages.
Tous engagements de gens de mer pour le service des bâtiments de commerce.
En un mot, tout acte fait dans le but de réaliser un bénéfice.

Par administration publique, il faut entendre non pas seulement les services se rattachant à l'Etat, à l'Algérie, mais aussi ceux des départements, des communes et, en outre, les établissements publics.

§ **3.** — Par les personnes passibles ou non de patente ayant prêté leur concours pécuniaire ou leur entremise moyenuant rémunération, redevance ou commission, pour couclusion d'un marché avec l'Etat, l'Algérie ou une administration publique.

Ce paragraphe vise les bailleurs de fonds — sociétés ou individus — qui ont avancé de l'argent pour la conclusion d'un marché, soit à plus de 7 0/0, soit moyennant une part dans les bénéfices ; il vise également les intermédiaires qui, sans exécuter les ordres et même sans être en nom dans ces marchés, ont prélevé une commission quelconque.

§ **4.** — Par les sociétés et les personnes passibles de la contribution des patentes dont les bénéfices ont été en excédent sur le bénéfice normal.

3. *Tous les patentés — particuliers et sociétés — sont assujettis à l'impôt sur les bénéfices de guerre pour la période du 1er août 1914 au dernier jour du douzième mois qui suivra celui de la signature du traité de paix, si le bénéfice est supérieur au bénéfice normal augmenté de 5.000 francs, quelles que soient les opérations faites par l'intéressé.*
Les patentés exerçant des professions libérales (avocats, médecins, etc.) y sont assujettis.

4. *Les industriels, commerçants étrangers, les sociétés étrangères faisant des opérations en Algérie, sont soumis au décret du 22 décembre 1917 pour les bénéfices qu'ils réalisent du fait de ces opérations.*
La contribution extraordinaire sur les bénéfices de guerre ne rentre pas dans la catégorie de celles dont l'exemption est pré-

vue par la convention intervenue le 7 janvier 1862 entre les Gouvernements français et espagnol. Les industriels, commerçants et sociétés espagnols sont assujettis à la contribution extraordinaire.

15. *Les industriels et commerçants français ou étrangers qui possèdent des établissements à l'étranger, aux colonies, aux pays de protectorat, ne sont pas assujettis à l'impôt sur les bénéfices réalisés par eux dans ces établissements.*

16. *Les industriels et commerçants des pays envahis sont assujettis à l'impôt sur les bénéfices de guerre, mais ils peuvent obtenir des délais supplémentaires pour effectuer leur déclaration.*

17. § **5.** — Par les exploitants d'entreprises assujetties à la redevance proportionnelle prévue par l'article 33 de la loi du 21 avril 1810 et la loi du 26 novembre 1912.

18. *Ce paragraphe vise les exploitants de mines.*

19. **Art. 2.** — § **1.** — La contribution extraordinaire est établie en prenant pour base l'excédent du bénéfice net respestivement obtenu pendant la période s'étendant du 1er août 1914 au 31 décembre 1915 et pendant chacune des années suivantes sur le bénéfice normal constitué par la moyenne des produits nets réalisés au cours des trois exercices antérieurs au 1er août 1914.

20. *Il y a deux sortes de bénéfices à établir : 1° le bénéfice net moyen d'avant-guerre ; 2° le bénéfice net réalisé pendant la période d'imposition, qui est divisée en tranches : la première, du 1er août 1914 au 31 décembre 1915 ; la deuxième, du 1er janvier 1916 au 31 décembre 1916 ; la troisième, du 1er janvier 1917 au 31 décembre 1917 ; la quatrième, du 1er janvier 1918 au 31 décembre 1918, etc.*

21. § **2.** — Si la période pendant laquelle ont été réalisées, antérieurement au 1er août 1914, les opérations des contribuables visées à l'article premier ne comprend pas trois exercices, le bénéfice normal est calculé d'après la moyenne des résultats pendant cette période.

22. *Les patentés dont l'année commerciale ne concorde pas avec l'année civile doivent comprendre, pour l'établissement du bénéfice normal, trois exercices antérieurs au 1er août 1914. Si le contribuable clôture ses exercices le 30 juin, ce sont les exercices 1er juillet 1911 au 30 juin 1912, 1er juillet 1912 au 30 juin 1913, 1er juillet 1913 au 30 juin 1914, qu'il doit prendre comme bases du bénéfice normal ; s'il clôture ses opérations le 31 août, il doit prendre comme bases du bénéfice normal les exercices 1er septembre 1910 au 31 août 1911, 1er septembre 1911 au 31 août 1912, 1er septembre 1912 au 31 août 1913.*

3. § **3.** — Le bénéfice normal ne peut, en aucun cas, même si le contribuable n'a pas réalisé d'opérations qu'à partir du 1er août 1914, être évalué à une somme inférieure, ni à 5.000 francs, ni à 7 0/0 des capitaux réellement engagés par lui et rénumérés dans ses entreprises, tels qu'ils résultent d'actes, de livres de commerce régulièrement tenus ou d'autres preuves certaines.

4. *Le contribuable a le droit absolu de fixer le bénéfice normal à une somme égale à 7 0/0 des capitaux engagés et rénumérés, sans que le chiffre ainsi obtenu puisse être inférieur à 5.000 fr.*

5. *L'associé auquel après dissolution de la société en nom collectif dont il était membre, il a été attribué par son co-associé l'actif social moyennant le versement d'une soulte, l'assujetti qui a acquis son commerce peu avant la guerre, peuvent, si les conditions générales d'exploitation n'ont pas été modifiées, déterminer le bénéfice normal en prenant la moyenne des bénéfices de l'entreprise ou de l'association pendant les trois exercices antérieurs au 1er août 1914.*

6. *Une société qui, au cours d'un exercice imposable, en absorbe une seconde et, comme conséquence, augmente son capital, peut déterminer le bénéfice normal soit en ajoutant la moyenne des bénéfices réalisés par la société absorbée à sa moyenne, soit en appliquant le taux de 7 0/0 aux capitaux engagés dans leur exploitation pendant la période d'imposition, mais les deux procédés ne sauraient, en aucun cas, être combinés.*

7. § **4.** — Pour la comparaison du bénéfice normal avec celui qui a été réalisé au cours de la période de guerre, les bénéfices à comparer sont constitués par la totalisation du produit net des diverses entreprises exploitées en Algérie par un même contribuable, sous déduction, s'il y a lieu, des pertes résultant d'un déficit d'exploitation dans certaines de ces entreprises.

8. § **5.** — En ce qui concerne la période du 1er août 1914 au 31 décembre 1915, la comparaison avec le bénéfice normal annuel est faite après avoir majoré celui-ci de cinq douzièmes.

9. § **6.** — Pour la comparaison du bénéfice réalisé au cours de la dernière période d'imposition avec le bénéfice normal, celui-ci sera, s'il y a lieu, diminué d'un nombre de douzièmes égal à la différence entre le nombre de mois compris dans la dite période et un exercice annuel.

0. **Art. 3.** — § **1.** — Le produit net, en période de guerre, est calculé en établissant le bilan, pour chaque entreprise, suivant les règles antérieures propres à cette entreprise, notamment en déduisant, s'il y a lieu, la somme nécessaire à

la réserve légale et celles qui sont habituellement réservées à l'amortissement des bâtiments et du matériel.

31. *Le bénéfice net de la période de guerre résulte du bilan. La comparaison avec le bénéfice normal, moyenne des résultats des bilans de trois exercices avant la guerre, fait apparaître le bénéfice imposable.*

32. *Si ces bilans n'étaient pas dressés conformément au principe du décret du 22 décembre 1917, ils peuvent être redressés et mis en concordance avec ces principes.*

33. *La réserve légale est celle que toute société anonyme est tenue de constituer, conformément à l'article 36 de la loi du 24 juillet 1867, ainsi conçu : « Il est fait annuellement, sur les bénéfices nets, un prélèvement d'un vingtième au moins affecté à la formation d'un fonds de réserve. Ce prélèvement cesse d'être obligatoire lorsque le fonds de réserve atteint le dixième du capital social.*

34. *Les sociétés en commandite par actions, les sociétés en commandite simple, les sociétés en nom collectif, etc., ne sont pas soumises à l'obligation de constituer une réserve légale.*

35. *Seules les sociétés anonymes pourront faire cette déduction de leur bénéfice net, tant que leur réserve n'aura pas atteint le dixième du capital souscrit.*

36. *Les versements ou prélèvements destinés à la constitution de réserves autres que la réserve légale ne peuvent être déduits du bénéfice imposable, alors même qu'ils seraient faits en exécution de dispositions statutaires.*

37. *Le contribuable qui avait pour règle, en temps de paix, d'amortir ses constructions et son matériel, est admis à le faire également en période d'imposition.*

38. *L'amortissement du capital et des emprunts contractés par le contribuable ne peut être déduit des chiffres du bénéfice net soumis à l'impôt.*

39. *L'amortissement des frais de premier établissement d'une exploitation échelonnée sur un certain nombre d'exercices, préalablement arrêté, peut être déduit des bénéfices réalisés, mais la somme déduite devra être égale aux déductions antérieures.*

40. *Si par suite de pertes, l'amortissement n'avait pu être fait pendant les trois années antérieures à 1914, aucune déduction de ce fait ne peut être reportée sur les années de période imposable.*

41. *Le contribuable peut déduire du bénéfice net les sommes mises en réserve pour les amortissements de bâtiments, de matériel,*

d'outillage ou de créances irrecouvrables, sous reserve de la révision prévue au troisième paragraphe de l'article 14.

42. *Il en est de même de la réserve créée pour les créances moratoriées.*

43. *L'Administration estime que les réserves créées pour marchés à livrer, pour reconstitution du stock, pour régularisation des cours, pour assurances, ne sauraient être assimilées à la réserve légale et déduites des bénéfices de l'entreprise pour l'établissement de la contribution extraordinaire. Il semble pourtant, qu'en exécution des prescriptions du premier paragraphe de l'article 3 du décret du 22 décembre 1917, ainsi conçu : « Le produit net de période de guerre, est calculé en établissant le bilan, pour chaque entreprise,* suivant les règles antérieures à cette entreprise... » *le contribuable qui avait pour règle antérieure — ayant ouvert avant le 1er août 1914, un compte de « réserves pour les causes énoncées ci-dessus » sur ses livres — de porter des sommes à ce compte, doit et peut continuer à faire de même.*

44. *L'administration estime que les allocations prélevées par les exploitants à titre de rémunération de leur travail personnel, sont les éléments essentiels du bénéfice total réalisé par les intéressés et doivent être compris, le cas échéant, dans les bases de la contribution extraordinaire. Mais, il est hors de doute qu'en vertu du 1er paragraphe de l'article 3 du décret cité ci-dessus, si ses bilans d'avant-guerre mentionnaient ces prélèvements, il a le droit de continuer à faire de même. Il semble qu'il doit en être de même pour les assujettis qui ont forfaitairement fixé leur bénéfice normal, si ces appointements ou prélèvements figuraient sur leurs livres avant le 1er août 1914.*

45. *Même observation en ce qui concerne les appointements statutaires des associés en nom dans une société en commandite et ceux des associés dans une société en nom collectif.*

46. *L'administrateur-délégué ou le directeur d'une société anonyme n'est pas personnellement passible de la contribution instituée par le décret du 22 décembre 1917 ; sa rémunération doit être comprise dans le montant des bénéfices servant de base à l'imposition de la société, sauf dans le cas où le directeur ne serait qu'un employé.*

Les appointements (traitement fixe ou rémunération porportionnelle et quelquefois les deux réunis) qui sont alloués par les statuts au gérant (ou administrateur) d'une société en commandite — simple ou par actions — pour la gestion de la société ne constituent pas une charge de celle-ci et ne doivent pas être compris au compte Frais Généraux.

47. *Les industriels et commerçants qui continuent de payer en tout ou en partie leurs appointements à leur personnel mobilisé* *ont le droit de comprendre le montant de ces appointements à leur compte Frais Généraux.*

48. *Il y a lieu d'admettre que le bénéfice total de l'entrepreneur doit être diminué de la part effectivement allouée aux ouvriers et employés, de quelque façon qu'elle ait été calculée, toutes les fois qu'elle affecte nettement le caractère d'un supplément de salaire.*

49. *Quant aux tantièmes attribués statutairement aux administrateurs de sociétés et qui ne peuvent être assimilés ni à un traitement, ni à un salaire, mais qui doivent être regardés comme ayant le caractère d'une mise en distribution d'une partie des bénéfices au profit de certains associés, ils ne peuvent légitimement être déduits du bénéfice imposable.*

50. *Les revenus des valeurs mobilières possédées par une société ayant son siège et des établissements en Algérie doivent, quelle qu'en soit l'origine, être considérés comme un élément du bénéfice réalisé en Algérie par la société et, par suite, être compris dans l'évaluation du produit net servant de base à la contribution extraordinaire.*

51. *Les parts de bénéfices d'une société coopérative ouvrière distribuées à tous les travailleurs de l'entreprise au prorata des salaires touchés ou de la durée du travail fourni par eux, peuvent être déduits du produit de l'exploitation, pour l'établissement de l'impôt.*

52. *Le décret du 22 décembre 1917 n'est pas applicable aux sociétés coopératives de consommation ne vendant pas au public dans les termes des articles 9 et 10 de la loi du 29 avril 1901.*

53. *Les sommes employées à des œuvres d'utilité publique ou de bienfaisance ne peuvent pas être déduites des bénéfices de période d'imposition.*

54. *Au point de vue de la tenue de leur comptabilité, les entreprises commerciales sont libres de passer, comme elles l'entendent, les écritures relatives au paiement de la contribution extraordinaire. Mais, pour la détermination des bases de cette contribution, les contribuables ne sauraient être admis à déduire du montant des bénéfices qu'ils auront réalisés pendant l'une quelconque des périodes d'imposition aucune part du montant de l'impôt prélevé sur les bénéfices des périodes précédentes.*

55. *Pour comptabiliser cette contribution, il y a lieu d'observer que, de par le décret du 22 décembre 1917, l'Etat est l'associé de tous ceux — sociétés et particuliers — qui réalisent des bénéfices exceptionnels ou supplémentaires, et ce, pendant toute la période imposable.*

L'Etat intervient, de ce fait, dans la distribution des bénéfices. Il y a donc nécessité de lui ouvrir un compte qu'on appellera : « Contribution extraordinaire, Etat, ou autrement. »

Lors de la distribution des bénéfices, on créditera ce compte du montant de la contribution à acquitter et, lors de chaque paiement de celte contribution, on le débitera du montant de ce paiement.

6. *L'intérêt du capital de l'entreprise et des apports des associés est habituellement servi avant tout prélèvement de bénéfices. L'administration estime que l'intérêt des capitaux engagés, quel que soit le taux d'après lequel il a été calculé, constitue une partie du produit net de l'exploitation et ne saurait venir en déduction du bénéfice imposable. Mais ici aussi, par application de l'article 3, § 1, l'intéressé qui avait pour règle antérieure au 1er août 1914, de déduire du bénéfice de l'exploitation, l'intérêt du capital, peut opérer de même pendant la période d'imposition.*

7. *L'amortissement est la compensation d'une dépréciation subie par les bâtiments, le matériel, les marchandises, les mauvaises créances, les frais de procès, etc., tandis que la réserve est la mise en réserve de sommes pour dépréciations à venir purement éventuelles.*

8. *L'amortissement est formellement prévu par le décret du 22 décembre 1917.*

9. *Pour les marchandises, l'amortissement doit être du montant de la détérioration pendant l'exercice. Pour le matériel, l'outillage, il doit correspondre aux mêmes taux d'avant-guerre, sauf le cas d'amortissement supplémentaire dont il est parlé plus loin.*

0. *Le contribuable qui, sans motif légitime, majore les taux d'amortissement, s'expose aux sanctions prévues par l'article 7 du décret fixant les règles de perception de la contribution extraordinaire.*

1. *Si une créance est d'un recouvrement presque désespéré, son montant est passé au compte « Profits et Pertes ». Si la créance est d'un recouvrement douteux (créances moratoriées), elle n'est comptée que sous réduction de la perte présumée.*

2. § **2.** — Sont, en outre, déduites du bénéfice supplémentaire établi comme il est dit ci-dessus pour obtenir le bénéfice imposable, sous réserve de la révision prévue au troisième paragraphe de l'article 14 :

33. 1° Les sommes destinées aux amortissements supplémentaires nécessités soit par les dépréciations exceptionnelles du matériel résultant d'une prolongation de la durée journalière du travail normal, soit par le fait d'installations ou de dépenses spéciales effectuées en vue de fournitures de guerre ;

34. 2° Les sommes correspondant à l'intérêt 6 0/0 des capi-

taux employés dans les entreprises situées en pays envahis ou sinistrées et à l'amortissement habituel de ces entreprises.

65. *Indépendamment de l'amortissement normal qui, antérieurement au 1er août 1914, était de règle dans l'entreprise assujettie, l'intéressé est admis à déduire de son bénéfice réalisé en période d'imposition, un amortissement supplémentaire : 1° Si, par suite d'un travail plus long et plus intense qu'en temps normal, son matériel subit une dépréciation exceptionnelle ; 2° Si, en vue de fournitures de guerre, il a fait des installations et des dépenses spéciales.*

66. *Si l'intéressé a — en dehors de l'entreprise bénéficitaire, objet de la contribution — une ou plusieurs entreprises situées en pays envahis ou sinistrés, il a le droit de déduire un amortissement supplémentaire fixé par le décret à 6 0/0 des capitaux employés dans ces entreprises et ce, indépendamment de l'amortissement habituel qui y était pratiqué.*

67. **§ 3.** — Aucune déduction ne sera opérée au profit de l'intermédiaire qui se sera contenté de rétrocéder un contrat en prélevant une remise.

68. *La seule déduction que le décret leur permet de faire sur le bénéfice soumis à l'impôt est celle de l'abattement de 5.000 fr.*

69. *Ce texte est également applicable à l'intermédiaire dont le nom n'a figuré sur aucun marché, qui s'est borné à prélever une commission.*

70. **Art. 4.** — **§ 1.** — Tout contribuable désigné au deuxième ou au troisième paragraphe de l'article premier, produira, dans les deux mois qui suivront le soixantième jour après la promulgation du décret homologuant la présente décision, la déclaration du bénéfice exceptionnel par lui réalisé pendant la période s'étendant du 1er août 1914 au 31 décembre 1915 comme fournisseur ou intermédiaire, sous déduction de 5.000 francs, en indiquant à quel titre il a réalisé ce bénéfice.

71. **§ 2.** — La même déclaration sera faite pour les années 1916 et 1917 dans le délai sus-visé, pour les années suivantes, dans les trois mois qui suivront le 31 décembre de chaque année.

72. *Les assujettis produiront dans les deux mois qui suivront le soixantième jour après la promulgation du décret (sauf obtention de délais) :*

73. *1° La déclaration du bénéfice exceptionnel par eux réalisé pendant la période du 1er août 1914 au 31 décembre 1915 ;*

74. *2° Une autre déclaration indiquant ce bénéfice pendant la période du 1er janvier 1916 au 31 décembre 1916 ;*

3° Une troisième déclaration indiquant ce bénéfice pendant la période du 1er janvier 1917 au 31 décembre 1917.

Pour les années suivantes, les assujettis produiront la déclaration indiquant le bénéfice exceptionnel par eux réalisé pendant l'année avant le 31 mars de l'année suivante.

Les fournisseurs non patentés, les intermédiaires, les bailleurs de fonds, dont le bénéfice exceptionnel est inférieur à 5.000 francs, ne sont pas soumis à la formalité de la déclaration.

L'assujetti de cette catégorie qui, ayant réalisé un bénéfice exceptionnel supérieur à 5.000 francs, ne fera pas sa déclaration dans les délais indiqués plus haut sera passible de la pénalité suivante : Les droits afférents à ses bénéfices imposables seront majorés de 10 0/0.

Art. 5. — § **1.**— Tout patenté ou tout exploitant de mines, visé au quatrième ou au cinquième paragraphe de l'article 1er, astreint à la contribution instituée par la présente décision, produira pour les périodes indiquées et dans les délais prévus à l'article précédent, une déclaration comportant pour chacune de ses exploitations :

1° Le bénéfice net réalisé pendant la période à laquelle se rapporte l'imposition;

2° Le montant du bénéfice normal;

3° L'excédent constituant le bénéfice supplémentaire;

4° Les sommes déduites pour la réserve légale et pour les amortissements habituels, en vertu du premier paragraphe de l'article 3.

Tout patenté ou tout exploitant de mines produira, dans les deux mois qui suivront le soixantième jour après la promulgation du décret (sauf obtention de délais), une déclaration contenant :

1° Le montant du bénéfice net réalisé pendant la période du 1er août 1914 au 31 décembre 1915 ;

2° Le montant du bénéfice normal moyen ;

3° L'excédent constituant le bénéfice supplémentaire ;

4° Les sommes déduites pour la réserve légale et les amortissements habituels et s'il y a lieu ;

5° Les sommes à déduire du bénéfice supplémentaire pour les pertes d'exploitation et pour les amortissements exceptionnels ;

La même déclaration sera produite par le contribuable, dans le même délai, pour les années 1916 et pour l'année 1917. Pour les années suivantes, la déclaration sera produite avant le 31 mars suivant.

L'excédent du bénéfice net réalisé en période d'imposition sur la moyenne du bénéfice normal réel — ou sur le chiffre forfaitaire pour base du bénéfice normal — est soumis à l'impôt sauf l'abattement de 5.000 francs.

84. *La déclaration est rédigée sur une formule délivrée par les mairies ; elle est dûment certifiée par le déclarant et adressée par lui au directeur des Contributions directes du département où se trouve la commune où il a son principal établissement et, s'il s'agit d'une société, au directeur des Contributions directes du département où se trouve le siège social de cette société.*

85. *Il est prudent d'adresser la déclaration par pli recommandé ; il en est délivré récépissé.*

86. *La déclaration peut être faite par mandataire, qui annexera la procuration à la déclaration.*

87. *La déclaration d'une société ne peut être faite que par le représentant légal de cette société.*

88. *Si le bénéfice net réalisé pendant la période d'imposition n'excède pas le montant du bénéfice normal, le contribuable a la faculté de faire une déclaration simplement négative.*

89. *De ce qui précède, il résulte que la déclaration est obligatoire pour tout assujetti qui a réalisé des bénéfices supplémentaires ou extraordinaires et qu'elle est facultative et non obligatoire pour les assujettis qui n'ont pas réalisé des bénéfices supplémentaires ou extraordinaires.*

90. *Tout assujetti à la contribution extraordinaire sur les bénéfices de guerre peut apporter à la déclaration qu'il a souscrite les corrections qu'il juge utiles en adressant au directeur des Contributions directes une déclaration rectificative, accompagnée des explications nécessaires pour en préciser les motifs et l'objet.*

91. *L'industriel qui avait son entreprise principale en région non envahie et des installations ou des capitaux employés dans une ou plusieurs entreprises situées en pays envahis, est tenu à la déclaration dans les délais ordinaires.*

92. *L'assujetti qui exerçait avant la guerre une profession commerciale et qui depuis le 1er août 1914 a entrepris des fournitures militaires, ne peut pas baser son bénéfice normal sur ses exercices antérieurs. Il doit baser son bénéfice normal à 7 0/0 des capitaux engagés dans sa nouvelle entreprise ou à 5.000 fr.*

93. § **2**. — S'il ne veut ou ne peut fournir les éléments nécessaires à la détermination du bénéfice normal, il évaluera celui-ci à une somme égale à trente fois le principal de la patente, sans que cette somme puisse être inférieure, ni à 5.000 francs, ni à 7 0/0 des capitaux réellement engagés dans les entreprises.

Le capital engagé doit toujours être considéré comme rémunéré.

5. *Les capitaux susceptibles de servir de base à l'évaluation forfaitaire du bénéfice normal, sont ceux qui ont été engagés dans l'entreprise au cours de la période d'imposition de la contribution extraordinaire.*

6. *Les sommes empruntées à des tiers, pour une exploitation ou entreprise dont les intérêts sont payés avec des fonds provenant des produits de l'entreprise, ne doivent pas entrer dans le calcul forfaitaire de 7 0/0.*

7. *Le montant total des obligations ne saurait être retenu pour le calcul du bénéfice forfaitaire.*

8. *Les titres de rente française ou d'obligations de la défense nationale déposés en banque, en garantie d'un compte d'avances sur titres, doivent être considérés comme faisant partie du capital engagé dans l'entreprise.*

9. *Les immeubles qui servent à l'exploitation de l'industrie ou du commerce sont considérés comme capital engagé et rénuméré dans l'entreprise. Ceux qui servent à l'habitation personnelle ne peuvent pas l'être.*

0. *La portion non appelée d'un capital-actions ne peut pas être considérée comme capital engagé. La partie seule qui est libérée peut entrer dans le calcul comme part engagée et rémunérée.*

1. *Les actions de jouissance étant rémunérées, bien que le capital soit amorti, constituent un capital engagé.*

2. *Les réserves constituées par les sociétés et les particuliers doivent être considérées comme des capitaux engagés et rémunérés.*

3. *Les expressions — capital engagé — et — capital employé — sont synonymes.*

4. *La charge de la preuve des capitaux engagés incombe au contribuable.*

5. § **3.** — Pour l'application des dispositions de l'alinéa qui précède, le principal de patente susceptible de servir de base à l'évaluation forfaitaire du bénéfice normal, doit s'entendre de la moyenne des principaux de la patente se rapportant aux trois années antérieures à 1914.

6. § **4.** — Si le contribuable n'a été patenté que postérieurement au 1er janvier 1911, l'évaluation forfaitaire du bénéfice normal sera effectuée d'après la moyenne des principaux de la patente imposés jusqu'au 1er août 1914.

7. *Le contribuable patenté a le droit absolu de fixer le bénéfice normal à une somme égale à trente fois la moyenne des prin-*

cipaux de la patente — se rapportant aux trois années antérieures à 1914 — sans que cette somme puisse être inférieure ni à 5.000 francs, ni à 7 pour 0/0 des capitaux réellement engagés dans les entreprises.

108. § 5. — Le contribuable indiquera en outre, s'il y a lieu, dans sa déclaration, les sommes à déduire du bénéfice supplémentaire :

109. 1° Pour les pertes d'exploitation visées au quatrième paragraphe de l'article 2 ;

110. 2° Pour les déductions autorisées par les paragraphes 2 et suivants de l'article 3.

111. § 6. — Lorsque le bénéfice net réalisé pendant la période à laquelle se rapporte l'imposition n'excèdera pas le montant du bénéfice normal, le contribuable aura la faculté de faire une déclaration simplement négative.

112. *Le patenté qui n'a pas réalisé pendant la période imposable de bénéfices supérieurs à son bénéfice normal — ou dont le bénéfice supplémentaire est inférieur à 5.000 francs, — n'est pas obligé de faire la déclaration sous peine d'amende ; il peut, s'il le veut, faire une déclaration négative.*

113. **Art. 6.** — § 1. — Les délais impartis pour les déclarations prévues à l'article 5 pourront être prolongés par décision du Gouverneur général, sur la demande du contribuable dont le bilan annuel est habituellement établi sur une période de douze mois ne coïncidant pas avec l'année normale.

114. *Le contribuable dont le bilan annuel est habituellement établi sur une période de douze mois ne coïncidant pas avec l'année normale, doit faire une demande et l'adresser au Gouverneur général de l'Algérie en lui exposant l'impossibilité pour lui de faire sa déclaration dans le délai et dans les conditions prescrites par le décret.*

115. § 2. — Dans le cas visé au paragraphe précédent, comme pour la période du 1er août 1914 au 31 décembre 1915, le bénéfice supplémentaire sera calculé à l'aide des deux bilans intéressant l'exercice imposable en prenant dans chacun de ces bilans le nombre de mois compris dans l'exercice d'imposition.

116. *Le contribuable dont le bilan annuel comprend, par exemple du 1er septembre au 31 août de l'année suivante, établira son bénéfice net de l'année 1917, en prenant :*

8/12 du bénéfice résultant de l'exercice allant du 1er septembre 1916 au 31 août 1917.

4/12 du bénéfice résultant de l'exercice allant du 1er septembre 1917 au 31 août 1918.

Il semble que pour produire sa déclaration, un délai devrait lui être accordé jusqu'au 30 novembre 1918, c'est-à-dire trois mois après la clôture de l'exercice lui permettant de connaître les bénéfices de l'exercice 1917-1918.

Pour les déclarations antérieures, il devra prendre pour base de son bénéfice net.

Période du 1er août 1914 au 31 décembre 1915 :

1/12 de l'exercice allant *du 1er septembre 1913 au 31 août 1914.*
12/12 id. 1er id. 1914 au 31 id. 1915.
4/12 id. 1er id. 1915 au 31 id. 1916.

Période du 1er janvier 1916 au 31 décembre 1916 :

8/12 de l'exercice allant *du 1er septembre 1915 au 31 août 1916,*
4/12 id. 1er id. 1916 au 31 id. 1917.

18. § **3**. — Les contribuables mobilisés ou non, qui seront empêchés, en dehors du cas visé ci-dessus, de souscrire leur déclaration dans les délais impartis par les articles 4 et 5, disposeront, pour produire cette déclaration, d'un délai supplémentaire prenant fin au plus tard trois mois après la date de la cessation des hostitités, telle que cette date sera fixée en exécution de l'article 2 du décret du 10 août 1914.

19. *Trois mois après la signature du traité de paix.*

20. § **4**. — Quand un contribuable se croira en droit de prétendre qu'il est empêché de souscrire sa déclaration dans le délai fixé par les articles 4 et 5, il devra, s'il veut obtenir le bénéfice des délais supplémentaires, en informer le directeur des Contributions directes, le trentième jour au plus tard avant l'expiration du délai légal, en précisant la nature de l'empêchement qu'il entend invoquer, le délai de déclaration sera suspendu, en ce qui le concerne, moyennant l'accomplissement de cette formalité.

21. *Dans le cas ci-dessus et dans celui qui suit, si le contribuable ne produit pas de déclaration et s'il est taxé d'office par la Commission du premier degré, il conserve le droit de réclamer contre cette taxation devant la Commission Supérieure et de justifier qu'à la date de l'avis qui lui a été adressé, il se trouvait réellement dans le cas d'empêchement prévu par la loi.*

22. *Si sa déclaration est reconnue fondée, il se retrouve alors dans la situation du contribuable pour qui le délai de déclaration n'est pas expiré, à moins que le terme expressément fixé par le paragraphe 1er (trois mois après la date de la cessation des hostilités) ne soit pas déjà dépassé, auquel car la procédure*

réglé par le paragraphe 1er de l'article 9 du 22 décembre 1917, lui est applicable.

123. § 5. — Si la Commission du premier degré prévue à l'article 7 estime que le cas d'empêchement est allégué à tort, le directeur des Contributions directes en avertira, par lettre recommandée avec avis de réception, le contribuable, qui pourra faire sa déclaration dans les quinze jours suivant la réception de cet avis, au cas où le délai légal prendrait fin avant l'expiration de la dite période.

124. § 6. — Lorsque la Commission aura constaté que l'empêchement ayant motivé la prolongation de délai de déclaration a cessé d'exister, le directeur des Contributions directes en préviendra l'intéressé, par lettre recommandée avec avis de réception, en lui impartissant, pour produire sa déclaration, un délai de trois mois, lequel courra à partir de la réception de l'avis.

125. **Art. 7.**— § **1**.— Les déclarations sont soumises à l'examen d'une commission siégeant au chef-lieu de chaque département et comprenant :

Le directeur des Contributions directes et du Cadastre ;

Le directeur des Contributions diverses ;

Le directeur de l'Enregistrement, des Domaines et du Timbre ;

Le payeur principal du Trésor ou, à défaut, un payeur particulier résidant au chef-lieu du département et délégué par le trésorier général de l'Algérie ;

Un agent supérieur des Douanes délégué par le directeur des Douanes de l'Algérie.

126. § **2**. — La Commission est présidée par celui des trois directeurs le plus ancien en grade.

§ **3**. — Un agent des Contributions directes désigné par le directeur remplit les fonctions de secrétaire avec voix délibérative.

127. § **4**. — Plusieurs commissions peuvent, s'il est nécessaire, être constituées dans un même département, en vertu d'un arrêté du Gouverneur général qui fixe le siège et la circonscription de chacune d'elles. Dans ce cas, les chefs de service ci-dessus visés désignent respectivement un agent supérieur de leur administration pour faire partie de la commission ou des commissions où ils ne siègent pas personnellement et chaque commission est présidée par le fonctionnaire le plus élevé ou le plus ancien en grade.

128. **Art. 8.** — § **1**. — La Commission examine les déclarations Si elle n'accepte pas la déclaration, le contribuable est in

vité, par lettre recommandée indiquant les points contestés, à se faire entendre dans le délai d'un mois.

§ **2**. — Le contribuable peut faire parvenir à la Commission dans le délai ci-dessus, par lettre recommandée, son acceptation ou ses observations.

§ **3**. — Ces formalités remplies, la Commission fixe les bases de la contribution. L'intéressé peut, dans le délai d'un mois à partir du jour où il a reçu notification de la décision motivée de la Commission, avertir l'Administration qu'il maintient sa déclaration.

Cet avis du contribuable est considéré comme appel.

1. **Art. 9**. — § **1**. — Le contribuable qui n'aura pas produit sa déclaratfon dans les délais impartis par les articles 4 et 5 de la présente décision sera, après mise en demeure, suivie d'un nouveau délai d'un mois, imposé par voie de taxation d'office.

2. § **2**. — Le contribuable pourra répondre à la mise en demeure, dans le délai ci-dessus, par la déclaration négative prévue à l'article 5 s'il ne se croit pas imposable.

3. § **3**. — La taxation sera établie par la Commission.

4. § **4**. — Pour les contribuables non patentés, à l'aide des éléments recueillis par les services publics et notamment par l'examen des marchés.

5. § **5**. — Pour les assujettis à la redevance des mines, par la comparaison du produit net servant de base à la redevance proportionnelle et correspondant à chacune des périodes d'imposition à laquelle s'applique la contribution avec la moyenne du produit net correspondant aux trois exercices antérieurs au 1er août 1914.

6. § **6**. — Pour les sociétés soumises à la communication de leurs bilans, par la comparaison des bilans des trois exercices antérieurs au 1er août 1914 avec celui de l'exercice imposable.

7. § **7**. — Pour les patentés et les sociétés non soumises à la communication de leurs bilans, d'après les éléments dont dispose la Commission.

8. § **8**. — Elle peut faire procéder par l'un ou l'autre des services financiers à des vérifications sur place en présence des intéressés ou ceux-ci dûment appelés.

9. *Le contribuable est taxé d'ofice lorsque, ayant produit sa déclaration, il ne peut justifier les affirmations qui y sont contenues par la production d'aucune comptabilité antérieure et d'aucune pièce de nature à établir ses dépenses et ses recettes commerciales.*

140. § 9. — En aucun cas, le bénéfice normal ne peut être évalué à une somme inférieure à 5.000 francs, ni à trente fois le principal de la patente, ni à 7 0/0 du capital engagé.

141. **Art. 10.** — **§ 1.** — La taxation établie sera notifiée au contribuable par l'administration des Contributions directes par lettre recommandée. La notification devra faire connaître à l'intéressé, pour chacune de ses exploitations, les chiffres arrêtés en ce qui concerne :

1° Le bénéfice fixé pour la période à laquelle se rapporte l'imposition ;
2° La déduction opérée à titre de bénéfice normal ;
3° L'excédent constituant la base de la taxation.

142. **Art. 11.** — **§ 1.** — L'impôt est calculé :

Pour les bénéfices exceptionnels réalisés par les personnes désignées au deuxième ou au troisième paragraphe de l'article 1er en leur appliquant le taux de 50 0/0.

143. *L'impôt est calculé pour les bénéfices exceptionnels réalisés par les personnes non patentées — exception faite des agriculteurs vendant leur récolte à l'Etat — ayant passé des marchés soit directement, soit comme sous-traitants pour des fournitures destinées à l'Etat ou à une administration publique, par toutes personnes ayant accompli un acte de commerce à titre accidentel ou en dehors de leur profession en vue du même objet, en leur appliquant le taux de 50 0/0 pour la portion excédant 5.000 francs.*

Ex. — *Le bénéfice exceptionnel d'un de ces assujettis est de*	*27.500 fr.*
Retranchant la somme de 5.000 fr., exempte de l'impôt	*5.000 »*
Reste	*22.500 fr.*
Au taux de 50 0/0, la contribution à payer est de	*11.250 fr.*

Ex. — *Le bénéfice exceptionnel a été, en 1916 ou 1917, de*	*580.000 fr.*
Déduction de la somme de 5.000 francs exempte de l'impôt	*5.000 »*
Reste	*575.000 fr.*
Au taux de 50 0/0 sur 500.000 francs, la contribution à payer est de	*250.000 fr.*
Au taux de 60 0/0 sur 75.000 francs	*45.000 »*
La contribution à payer est de	*295.000 fr.*

4. § **2**. — Pour les bénéfices supplémentaires des sociétés et des personnes passibles de la contribution des patentes ou de la redevance des mines, visées au quatrième ou au cinquième paragraphe de l'article 1er, en appliquant le taux de 50 0/0 à la portion du bénéfice excédant 5.000 francs.

5. *Le bénéfice supplémentaire est la différence entre le bénéfice net et le bénéfice normal.*

L'impôt est calculé comme suit :

1er Ex. — *Un patenté a réalisé comme bénéfice net* *67.000 fr.*
Son bénéfice normal était de.................... *62.000* »

Son bénéfice supplémentaire ne dépassant pas la somme de................................ *5.000 fr.*
exempte de l'impôt, la contribution ne lui est pas applicable.

2e Ex. — *Un patenté a réalisé comme bénéfice net.* *125.000 fr.*
Son bénéfice normal était de.................... *18.500* »

Bénéfice supplémentaire.......................... *106.500 fr.*
Déduction de 5.000 francs exemptés d'impôt..... *5.000* »

Somme imposable.............. *101.500 fr.*
Au taux de 50 0/0, le contribuable doit payer... *50.750 fr.*

6. § **3**. — Pour la fraction des bénéfices imposables supérieurs à 500.000 francs réalisés à partir du 1er janvier 1916, qu'il s'agisse de bénéfices exceptionnels ou de bénéfices supplémentaires, en appliquant le taux de 60 0/0.

7. Ex. — *Un patenté a réalisé, en 1916, un bénéfice net de*.. *850.000 fr.*
Bénéfice normal.................................. *170.000* »

Bénéfice supplémentaire........ *680.000 fr.*

Le contribuable doit payer 50 0/0 sur 500.000 francs = 250.000 fr., plus 60 0/0 sur (180.000 fr. — 5.000) 175.000 fr. = 105.000 fr. Soit 250.000 + 105.000 = 355.000 francs.

Ex. — *Un assujetti a réalisé, en 1917, un bénéfice exceptionnel de*.............................. *850.000 fr.*
Déduction de la somme de 5.000 fr. exemple d'imposition.................................. *5.000* »

Reste....... *845.000 fr.*

Le contribuable doit payer 50 0/0 sur 500.000 francs = 250.000 fr., plus 60 0/0 sur 345.000 fr. = 207.000 fr., soit 457.000 francs.

148. *Pour la première période d'imposition du 1er août 1914 au 31 décembre 1915, la somme à déduire comme exemple d'impôt est de 5.000 francs, malgré que la période soit de dix-sept mois.*

149. **Art. 12.** — § **1**. — Lorsque la déclaration du contribuable sera reconnue insuffisante, la contribution correspondant à la fraction du bénéfice supplémentaire non déclarée sera majorée de moitié, si toutefois cette fraction est supérieure à 10 0/0 du bénéfice total.

150. § **2**. — Toutefois, la pénalité prévue au paragraphe précédent ne sera pas applicable lorsque l'erreur aura été commise de bonne foi.

151. **Art. 13.** — § **1**. — Les droits afférents au bénéfice imposable seront majorés de 10 0/0 à l'égard de tout contribuable qui n'aura pas souscrit de déclaration dans les délais prévus à l'article 4.

152. *Cette pénalité frappe tous ceux qui, n'ayant pas obtenu de délais, n'ont pas fait leur déclaration de bénéfices exceptionnels ou supplémentaires pour les périodes du 1er août 1914 au 31 décembre 1915, du 1er janvier 1916 au 31 décembre 1916, du 1er janvier 1917 au 31 décembre 1917 dans les deux mois qui suivront le soixantième jour après la promulgation du décret homologuant la présente décision et, pour les années suivantes, dans les trois mois qui suivent le 31 décembre de chaque année.*

153. *Cette majoration frappe les assujettis qui font la déclaration de leurs bénéfices après mise en demeure.*

154. **Art. 14.** — § **1**. — Toute omission relevée par l'administration des Contributions directes pourra être réparée jusqu'à l'expiration de la deuxième année qui suivra celle de la cessation des hostilités.

155. § **2**. — La commission instituée par l'article 7 de la présente décision fixera les bases de l'imposition supplémentaire, suivant la procédure indiquée à l'article 8.

156. § **3**. — Lorsque les sommes mises en réserve pour les amortissements de bâtiments, de matériel, d'outillage ou de créances irrecouvrables seront reconnues exagérées par la Commission, l'excédent sera considéré comme bénéfice supplémentaire réalisé pendant la dernière année d'imposition.

157. § **4**. — Par contre, lorsque sur réclamation du contribuable jointe à sa déclaration pour la dernière année d'imposition, les dites sommes seront reconnues insuffisantes par la Commission, la différence sera imputable au dernier exercice imposable.

8. **Art. 15.** — § **1**. — Les rôles de la contribution extraordinaire sont établis et le recouvrement en est poursuivi comme en matière de contributions directes.

9. § **2**. — Le paiement des cotisations est exigible par quart de deux mois en deux mois à partir du premier jour du mois qui suit la publication du rôle pour l'impôt afférent à la période du 1er août 1914 au 31 décembre 1915, aux années 1916 et 1917 et de trois mois en trois mois pour les autres exercices.

0. *La contribution doit être payée en espèces.*

1. § **3**. — Toutefois, pour toutes les sociétés ou les personnes passibles de patente ou de la redevance des mines visées aux paragraphes 4 et 5 de l'article 1er, les deux derniers quarts de la contribution afférente à chaque exercice d'imposition ne seront exigibles que six mois après l'expiration du dernier exercice de la période pour laquelle la contribution extraordinaire est instituée. Dans ces six mois, en cas de déficit par rapport au bénéfice normal, révélé par un des bilans de la période de guerre, le contribuable aura droit sur la présentation de toutes ses feuilles d'imposition relatives à la contribution, à une détaxe correspondant à l'importance de ce déficit. La détaxe sera calculée en appliquant au montant de ce déficit la moyenne des taux effectifs des contributions des différents exercices.

2. Ex. — *Supposons que la date de la cessation des hostilités, soit le 20 septembre 1918 ; la dernière période d'imposition expirera le 30 septembre 1919. Il y aura cinq périodes d'imposition.*

1er août 1914 au 31 décembre 1915.
1er janvier 1916 au 31 id. 1916.
1er id. 1917 au 31 id. 1917.
1er id. 1918 au 31 id. 1918.
1er id. 1919 au 30 septembre 1919.

Supposons que le contribuable a obtenu les résultats suivants :

1re période.—	*Bénéfice supplémentaire*	*125.000 fr.*
	Impôt dû	*60.000* »
	Fraction exigible	*30.000* »
	id. différée	*30.000* »
2e période. —	*Bénéfice supplémentaire*	*64.000 fr.*
	Impôt dû	*29.500* »
	Fraction exigible	*14.750* »
	id. différée	*14.750* »

3e période. — Bénéfice supplémentaire	....	*40.000 fr.*
	Impôt dû	*17.500 »*
	Fraction payable (deux quarts)....	*8.750 »*
	Id. dont le paiement est différé	*8.750 »*
4e période. — Déficit d'exploitation	....	*90.000 »*
5e période. — Bénéfice supplémentaire	....	*4.000 »*
	Impôt dû	*»*

Le total des bénéfices imposable est de :
125.000 + 64.000 + 40.000 + 4.000 .... 233.000 fr.

Le total de l'impôt est de :
60.000 + 29.500 + 17.500................. 107.000 fr.

La moyenne des taux effectifs de l'impôt est de :
107.000/233.000........................... 45,92 0/0

Par contre, on constate un déficit d'exploitation de 90.000 fr. On applique à ces 90.000 francs le taux de 45,92 0/0 et on obtient la détaxe qui est de 41.388 francs.

L'impôt dont le paiement a été différé s'élevant à 30.000 + 14.750 + 8.750 = 53.500 francs, le contribuable aura droit sur justification de la perte subie et sur présentation de toutes ses feuilles d'imposition relatives à la contribution à une détaxe de 41.388 francs sur les 53.500 francs qu'il restait à devoir.

163. § **4**. — Le montant de la détaxe sera déduit de celui des impositions restant dues sur les exercices précédents sans qu'en aucun cas il puisse y avoir lieu à répétition au bénéfice du contribuable.

164. Ex. — *Reprenons l'exemple précédent en supposant que la perte de la quatrième période se soit élevée à 160.000 francs. La moyenne des taux effectifs de l'impôt était 107.000/233.000, soit : 45,92 0/0.*

En appliquant le taux de 45,92 0/0 à la perte de 160.000 on obtient le chiffre de 73.472 francs, mais l'impôt dont le paiement a été différé s'élevant à 53.500 francs, le contribuable sera détaxé de cette somme. La différence de 53.500 à 73.472 = 19.972 francs ne donne lieu à aucune répétition au bénéfice du contribuable.

165. **Art. 16.** — § **1**. — Les sociétés, les personnes passibles de la contribution des patentes, ainsi que les exploitants d'entreprises assujettis à la redevance proportionnelle de l'article 33 de la loi du 21 avril 1810 et de la loi du 26 novembre 1912, qui justifieront avoir employé avant le 1er avril 1916 en améliorations ou extensions de leur entreprise une partie ou la totalité des bénéfices exceptionnels ou supplémentaires taxés par la présente loi, pourront être autorisés à s'acquitter des impôts afférents aux bénéfices ainsi employés en trois annuités ; le point de départ de ces unités sera l'année 1916 pour les améliorations ou extensions d'entreprises effectuées pendant la période comprise entre le 1er août 1914 et le 31 décembre 1915, l'année 1917 pour celles effectuées pendant la période comprise entre le 1er janvier et le 31 mars 1916.

66. Ex. — *En supposant un bénéfice supplémentaire imposable de 490.000 francs employé en améliorations jusqu'à concurrence de 90.000 francs, cette combinaison donnerait les résultats suivants :*

1° Impôt payable dans l'année de l'imposition (400.000 fr. — 5.000 fr.) $= \frac{395.000 \times 50}{2 \times 100}$ .... *98.750 fr.*

c'est-à-dire deux premiers quarts du 50/100 de 395.000 francs.

2° Sur le bénéfice consacré aux améliorations 1/3 de $\frac{90.000 \times 50}{100}$ .... *15.000* »

Total....... *113.750 fr.*

Sans l'article 16, le contribuable aurait payé 1/2 de (490.000 fr. — 5.000 fr.) $= \frac{485.000 \times 50}{100}$. *121.250 fr.*

Si la période d'imposition considérée est celle de 1917, le redevable paiera donc sa première annuité de 15.000 francs en 1918 et les deux autres en 1919 et 1920.

67. § **2**. — Des autorisations seront accordées, après examen des justifications visées au paragraphe précédent par la Commission instituée par l'article 7.

68. § **3**. — Pour l'exercice du privilège du Trésor et pour l'application de la prescription triennale, chacune des annuités sera considérée comme une contribution distincte afférente à l'année pendant laquelle elle est exigible.

69. § **4**. — Nonobstant les autorisations accordées, le solde des impôts restant dû sera immédiatement exigible en cas de dissolution de la société, de faillite ou de liquidation judiciaire, de cession ou de cessation de l'entreprise.

70. **Art. 17**. — § **1**. — Les dispositions de l'article 1167 du Code civil sont applicables aux actes faits par le contri-

buable en fraude des droits de l'Algérie depuis le 13 janvier 1916.

171. *L'article 1167 du Code civil dit : Ils (les créanciers) peuvent aussi en leur nom personnel, attaquer les actes faits par leurs débiteurs en fraude de leurs droits.*

TITRE II

Mesures fiscales relatives à la législation des patentes.

172. **Art. 18.** — **§ 1.** — Pour l'application des droits de patente auxquels est soumise la profession de fournisseurs, il est fait état de toutes ventes d'objets ou de marchandises quelconques, consenties aux administrations publiques ou aux établissements publics, même si ces ventes sont effectuées sans adjudication, ni marché préalable.

173. § **2.** — Les fabricants qui fournissent aux administrations publiques ou aux établissements publics, dans les conditions ci-dessus indiquées, des objets ou marchandises provenant de leur fabrication, sont imposables au droit fixe de patente, soit d'après le tarif afférent à leurs opérations industrielles, soit d'après le tarif prévu pour la profession de fournisseur, à raison de 25 centimes par 100 francs ou fraction de 100 francs du montant annuel de leurs fournitures, suivant que l'un ou l'autre mode de taxation donne le chiffre le plus élevé.

La taxe calculée d'après le montant des fournitures peut être valablement établie par voie d'imposition supplémentaire, sous déduction du droit fixe antérieurement imposé.

174. **Art. 19.** — § **1.** — Les droits de patente applicables à raison des fournitures faites aux administrations publiques ou aux établissements publics pendant la période comprise entre le 1er août 1914 et le jour de la cessation des hostilités pourront être valablement imposés jusque dans la deuxième année qui suivra celle de cette cessation. Ces droits seront réglés conformément à la législation existante, telle qu'elle est complétée et modifiée par l'article précédent.

175. § **2.** — Les droits de patente prévus pour la profession de fournisseur seront dans les mêmes conditions appliqués aux maîtres ouvriers des corps de troupe à raison des fournitures faites par eux à l'administration militaire pendant la période susvisée.

176. **Art. 2.** — § **1.** — Les dispositions qui font l'objet de la décision homologuée à l'article 1er du présent décret sont applicables aux territoires du Sud.

Art. 3. — § **2.** — Le Ministre de l'Intérieur et le Ministre des Finances sont chargés, chacun en ce qui le concerne, de l'éxécution du présent décret, qui sera publié au *Journal Officiel* et inséré au *Bulletin des Lois*, ainsi qu'au *Bulletin Officiel du Gouvernement Général de l'Algérie*.

Fait à Paris, le 22 décembre 1917.

R. Poincaré.

Par le Président de la République :

Le Ministre de l'Intérieur,
J. Pams.

Le Ministre des Finances,
L. L. Klotz.

DÉCRET

fixant les règles de perception de la contribution extraordinaire sur les bénéfices exceptionnels ou supplémentaires réalisés pendant la guerre.

Le Président de la République Française,

Sur le rapport du Ministre de l'Intérieur et des Finances,

Vu le décret du 22 décembre 1917, portant homologation de la décision des Délégations Financières Algériennes en date du 5 avril 1917 concernant :

1° L'établissement en Algérie d'une contribution extraordinaire sur les bénéfices exceptionnels ou supplémentaires réalisés pendant la guerre ;

2° Certaines mesures fiscales relatives à la législation des patentes ;

Vu la délibération du Conseil d'Etat en date du 17 octobre 1917 concluant au refus d'homologuer les dispositions de la décision susvisée relative à la Commission Supérieure et aux pénalités ;

Vu la loi du 1er juillet 1916 relative à la contribution extraordinaire créée en France sur les bénéfices exceptionnels ou supplémentaires réalisés pendant la guerre ;

Vu le décret du 12 juillet 1916 fixant les conditions du fonctionnement de la Commission Supérieure prévue par l'article 11 de la loi du 1er juillet 1916 susvisée ;

Vu l'article 25 de la la loi du 24 avril 1833 et l'article 4 de l'ordonnance du 22 juillet 1834 sur le régime législatif des possessions françaises dans le Nord de l'Afrique ;

Vu les propositions du Gouverneur Général de l'Algérie

DÉCRÈTE :

178. **Art 1er.** — § **1.** — Les déclarations prévues aux articles 4 et 5 de la décision des Délégations Financières homologuée par décret du 22 décembre 1917 sont rédigées sur ou d'après des formules déposées dans les mairies, dûment certifiées par les déclarants et adressées au directeur des Contributions directes du département où se trouve située la commune du principal établissement ou du siège social des personnes ou des sociétés intéressées. Elles peuvent être produites par mandataire. Il en est délivré récépissé.

179. **Art. 2.** — § **1.** — La Commision instituée par l'article 7 de la décision susvisée règle elle-même les jours et heures de ses séances ; elle est convoquée par son président.

180. § **2.** — La Commission peut entendre les intéressés et se faire communiquer par eux, ainsi que par les administrations de l'Etat, de l'Algérie, des départements et des communes, tous les documents nécessaires pour établir les bases d'imposition ; elle peut faire procéder, par l'un ou l'autre des services financiers, à des vérifications sur place, en présence des intéressés ou ceux-ci dûment appelés.

181. *Les Commissions chargées de l'assiette de la contribution extraordinaire sur les bénéfices de guerre peuvent se faire communiquer par les assujettis à l'impôt : tous documents nécessaires pour établir les bases de l'imposition mais il va sans dire qu'aucune pièce comptable ne peut être déplacée sans l'assentiment des intéressés.*

182. *Le droit, pour les intéressés, de présenter à la Commission du premier degré, des observations verbales est absolu, et doit être d'autant plus sauvegardé que devant la Commission Supérieure, la procédure est écrite. Il n'exclut pas, d'ailleurs, celui d'adresser des mémoires à la Commision du premier degré.*

183. *En France, les Commissions du premier degré ont adressé aux déclarants une lettre les invitant à leur remettre dans un délai variant de 8 à 15 jours un certain nombre de documents concernant les inventaires 1911 et suivants et plus spécialement les pièces suivantes :*

1° Balance générale d'inventaire ou bilan ;

2° Compte de profits et pertes (par paragraphe) ;

3° Compte des frais généraux (par paragraphe) ;

4° L'indication détaillée des réserves de toute nature (réserves légales, statutaires, facultatives ; amortissements ordinaires, extraordinaires, supplémentaires ; créances irrecouvrables, douteuses, litigieuses, etc.)

184. *Le contribuable qui refuse de fournir les documents, expli-*

cations et justifications qui lui sont demandés par la Commission du premier degré, la déclaration produite par lui est rejetée et il est taxé d'office. Le contribuable conserve le droit de faire appel à la Commission Supérieure de cette taxation d'office, mais il ne pourra obtenir de cette dernière le maintien de sa déclaration primitive que s'il lui fournit toutes les justifications.

§ **3.** — Les décisions de la Commission sont prises à la majorité des voix : en cas de partage égal, la voix du président est prépondérante.

§ **4.** — La présence de quatre membres au moins est nécessaire à la validité des décisions.

Art. 3. — § **1.** — Dans le délai d'un mois à partir du jour où elles ont reçu notification des décisions de la Commission du premier degré, les personnes ou sociétés intéressées peuvent faire appel de ces décisions.

L'avis par lequel le contribuable fait connaître à la Commission du premier degré (en réponse à la notification qui lui est faite de la décision motivée de cette Commission) qu'il maintient sa déclaration, est considéré comme un recours devant la Commission Supérieure.

§ **2.** — Dans le même délai le directeur des Contributions directes peut faire appel de toute décision de la Commission qu'il juge contraire aux droits du Trésor.

§ **3.** — Ces appels sont portés devant la Commission Supérieure instituée par l'article 11 de la loi du 1er juillet 1916.

Les décisions de la Commission Supérieure chargée de statuer sur les appels sont rendus en dernier ressort.

Le contribuable ne peut exercer aucun recours contre elles, sauf en cas d'excès de pouvoir ou de violation de la loi ; elles peuvent être attaquées dans l'un ou l'autre de ces cas devant le Conseil d'Etat qui jugera en droit, mais sans statuer sur la décision elle-même de la Commission Supérieure.

Art. 4. — § **1.** — Les personnes ou les sociétés visées par la décision des Délégations Financières homologuée par décret du 22 décembre 1917 qui se pourvoient contre les décisions des Commissions du premier degré, doivent, dans le délai d'un mois, à partir du jour où elles ont reçu notification de la décision qui les concerne, adresser à la Commission Supérieure siégeant au Ministère des Finances, une requête formulée sur timbre, conformément à l'article 19 de la loi du 13 brumaire an VII.

193. § 2. — Cette requête, accompagnée de la lettre de notification de la décision attaquée, contient l'exposé des faits et moyens, les nom et domicile des réclamants, leurs conclusions et l'énonciation des pièces dont ils entendent se servir et qui y sont jointes.

194. § 3. — L'appel que le directeur des Contributions directes peut former en vertu de l'article 3, deuxième alinéa du présent décret, est introduit dans les formes indiquées au paragraphe précédent.

195. § 4. — Les requêtes et, en général, toutes les productions des parties sont déposées ou adressées soit au Secrétariat de la Commission Supérieure au Ministère des Finances (direction générale des Contributions directes), soit au Secrétariat de la Commission du premier degré, qui a rendu la décision attaquée (direction départementale des Contributions directes) ; il en est délivré récépissé.

196. § 5. — Si l'appel émane du directeur des Contributions directes, la partie intéressée est avisée qu'elle peut prendre connaissance du dossier de l'affaire. au Secrétariat de la Commission du premier degré, dans un délai de dix jours, et qu'un second délai de quinze jours lui est ensuite ouvert pour produire ses observations ; à l'expiration du délai de de vingt-cinq jours, il peut être passé outre pour examen et décision.

197. § 6. — Lorsque la Commission Supérieure ordonne un supplément d'instruction, il y est procédé par les soins de la Commission du premier degré, à moins que la Commission Supérieure n'ait elle même indiqué par quel service et dans quelles conditions le supplément d'instruction doit être effectué.

198. § 7. — Le Secrétariat de la Commission du degré délivre au directeur des Contributions directes les extraits des décisions de la Commission Supérieure nécessaires à l'établissement du rôle.

199. **Art. 5.** — § 1. — Dans les deux cas prévus aux paragraphes 5 et 6 de l'article 6 de la décision des Délégations Financières du 5 avril 1917, homologuée par le décret du 22 décembre 1917, si le contribuable ne produit pas de déclaration et s'il est taxé d'office par la dite Commission, il conservera le droit de réclamer contre cette taxation devant la Commission Supérieure visée à l'article 3 du présent décret et de justifier qu'à la date de l'avis qui lui a été adressé, il se trouvait réellement dans le cas d'empêchement prévu par le paragraphe 3 de l'article 6 de la décision susvisée. Si sa

réclamation est reconnue fondée, il se trouvera placé dans la situation du contribuable pour qui le délai de déclaration n'est pas expiré, à moins que le terme extrême fixé par le dit paragraphe ne soit déjà dépassé, auquel cas la procédure réglée par le premier alinéa de l'article 9 de la décision du 5 avril 1917, lui deviendra applicable.

§ **2**. — Lorsqu'aux termes des dispositions de l'article 8, paragraphe 3, de la décision du 5 avril 1917, le contribuable maintient sa déclaration, le litige est porté devant la Commission Supérieure.

§ **3**. — Le contribuable taxé d'office ne peut contester la taxation devant la Commission d'appel dans le délai imparti par l'article 8 de la décision du 5 avril 1917, qu'en apportant toutes les justifications de nature à faire la preuve du chiffre exact de ses bénéfices exceptionnels ou supplémentaires.

§ **4**. — En cas de majoration de la contribution pour insuffisance de déclaration, suivant les dispositions de l'article 12 de la décision du 5 avril 1917, la charge de la preuve devant la Commission Supérieure incombe à l'Administration.

§ **5**. — Peuvent donner lieu à recours devant la Commission Supérieure, les impositions supplémentaires établies dans les conditions prévues à l'article 14 de la décision du 5 avril 1917, ainsi que les contestations relatives aux autorisations visées à l'article 16 de la même décision.

Art 6. — § **1**. — Tous avis et communications échangés entres les agents de l'Administration ou adressés par eux aux contribuables et concernant la contribution extraordinaire sur les bénéfices exceptionnels ou supplémentaires réalisés pendant la guerre, doivent être transmis sous enveloppe fermée.

§ **2**. — Les dispositions des décrets du 28 janvier 1916 et du 5 octobre 1917, relatives aux franchises postales et aux taux spéciaux d'affranchissement en matière d'impôt général sur le revenu en France, et le décret du 11 août 1916, relatif aux envois de même nature se rapportant à la contribution extraordinaire sur les bénéfices de guerre sont étendues à l'Algérie.

§ **3**. — Est tenu au secret professionnel, dans les termes de l'article 378 du Code pénal et passible des peines prévues au dit article, toute personne appelée, à l'occasion de ses fonctions ou attributions, à intervenir dans l'établissement, la perception ou le contentieux de l'impôt.

Art. 7. — § **1**. — Tout contribuable, qui en employant des manœuvres frauduleuses pour se soustraire en totalité ou en partie à l'établissement de la taxe, aura, par l'emploi de l'une de ces manœuvres, dissimulé ou tenté de dissimuler ses bénéfices, sera puni d'un emprisonnement de trois mois à deux ans et d'une amende de 500 à 10.000 francs ou de l'une de ces deux peines seulement.

208. § **2.** — L'article 463 du Code pénal sera applicable aux infractions prévues par le présent décret.

209. **Art. 8.** — § **1.** — Les contribuables ne sont autorisés à se faire délivrer des extraits des rôles de la contribution extraordinaire sur les bénéfices exceptionnels ou supplémentaires réalisés pendant la guerre, suivant les dispositions législatives ou règlementaires applicables aux contributions directes, qu'en ce qui concerne leurs propres cotisations.

210. **Art. 9.** — § **1.** — Les dispositions qui font l'objet du présent décret sont applicables aux territoires du Sud.

211. **Art. 10.** — § **1.** — Le Ministre de l'Intérieur et le Ministre des Finances sont chargés, chacun en ce qui les concerne, de l'exécution du présent décret, qui sera publié au *Journal Officiel* et inséré au *Bulletin des Lois* et au *Bulletin Officiel du Gouvernement Général de l'Algérie.*

Fait à Paris, le 22 décembre 1917.

R. Poincaré.

Par le Président de la République :

Le Ministre de l'Intérieur,
J. Pams.

Le Ministre des Finances,
L. L. Klotz.

Table Alphabétique

Nota. — Le texte du décret est en *romain* et les commentaires en *italique*.

Les chiffres se trouvant dans la Table Analytique sont ceux auxquels il faut se rapporter dans le texte du *Guide*.

A

B

C

D

E

F

G

I

J

L

M

N

O

P

Q

R

S

T

V

IMP. MODERNE, 2, boulevard Laferrière. — ALGER

www.ingramcontent.com/pod-product-compliance
Ingram Content Group UK Ltd.
Pitfield, Milton Keynes, MK11 3LW, UK
UKHW022150190726
13855UKWH00004B/1417

9 782013 022583